jeden Tag ein bisschen besser

DEUTSCH

Übungsdiktate

7. Schuljahr

Zusammengestellt von Maria Bley
Illustriert von Detlev Schüler

Cornelsen
SCRIPTOR

Maria Bley, die dieses Heft zusammengestellt hat, ist ausgebildete Deutschlehrerin und langjährige Redakteurin für Lernmaterialien.

Cornelsen online http://www.cornelsen.de

Gedruckt auf chlorfrei gebleichtem Papier
ohne Dioxinbelastung der Gewässer.

Die Deutsche Bibliothek – CIP-Einheitsaufnahme

Jeden Tag ein bisschen besser. - Berlin : Cornelsen Scriptor
Deutsch.
Schuljahr 7.
Übungsdiktate / zsgest. von Maria Bley. – (2000)
ISBN 3-589-21376-0

Dieses Werk berücksichtigt die Regeln der reformierten Rechtschreibung und Zeichensetzung.

5.	4.	3.	2.	1. ✔	€ Die letzten Ziffern bezeichnen
04	03	02	01	2000	Zahl und Jahr des Drucks.

Redaktion: Maria Bley, Vaterstetten
Typografie: Julia Walch, Bad Soden
Umschlagentwurf: Vera Bauer, Berlin,
unter Verwendung einer Illustration von Roland Beier, Berlin
Layout und Herstellung: Beate Schubert, Berlin
Druck und Bindearbeiten: Clausen & Bosse, Leck
Printed in Germany
ISBN 3-589-21376-0
Bestellnummer 213760

Inhalt

KINO?

Fen
ter

Vorwort

Hallo, liebe Schülerinnen und Schüler!

Hallo, liebe Eltern!

Wer ***jeden Tag ein bisschen besser*** wird, ist bald sehr gut!

Dieses Heft stellt auf jeder Doppelseite ein Rechtschreibthema aus dem Deutschunterricht der 7. Klasse vor, das in einer knappen halben Stunde bearbeitet werden kann. Eine Doppelseite pro Tag genügt völlig.

Die Übungsdiktate werden am besten so diktiert: Zuerst den ganzen Text vorlesen, dann einen kompletten Satz und erst jetzt den Text zwischen den Schrägstrichen mit allen Satzzeichen. Nur die Diktate zum Thema Zeichensetzung sollten ohne Satzzeichen diktiert werden. Die Zahl neben dem Diktattext gibt die Wörterzahl an.
Wer ganz selbstständig arbeiten will, kann die Diktate auf Kassette sprechen. Wichtig dabei: Bei jedem Schrägstrich eine kurze Pause machen.
Auch aufmerksames Abschreiben der Diktate übt enorm – einfach Stück für Stück lesen und dann auswendig aufschreiben.
Anschließend das Geschriebene Wort für Wort mit der Vorlage vergleichen und Fehler berichtigen. Alle neuen Schreibweisen sind übrigens hervorgehoben.
Die Übungen auf der rechten Seite können direkt in diesem Heft bearbeitet werden – und zwar ganz nach Wunsch vor oder nach dem Übungsdiktat.

In der Mitte des Heftes haben wir einen Lösungsteil zum Heraustrennen eingeheftet. Damit sollen immer gleich die Ergebnisse überprüft werden! Das ist ganz wichtig, um in Zukunft Fehler zu vermeiden.

Und nun viel Spaß und viel Erfolg!

1 Eine Weltklasse-Athletin

Groß- und Kleinschreibung: Nomen

Die Übungsdiktate 1 bis 21 können mit allen Satzzeichen diktiert werden.

Eine Weltklasse-Athletin*
Sie ist Weltmeisterin / und die erste Olympiasiegerin ihres Landes. / Die Siebenkampf-Siegerin* wird zu Hause geliebt und verehrt. / Sie bezeichnet sich selbst als Beispiel dafür, / dass der Frauen-Leistungssport* in einem arabischen Land möglich ist. Sie ist stolz darauf, / dass sie zu den Sportlern gehört, / die mit ihren Leistungen dazu beitragen, / dass sich Sport in den arabischen Ländern verbreitet. /
Die Weltklasse-Athletin hat zu Hause gute Trainingsbedingungen. / Zur Vorbereitung auf die Olympischen Spiele / war sie in Italien, Ägypten und den Vereinigten Staaten. / Ihre Erfolge als Weltmeisterin und Olympiasiegerin / haben ihr in ihrem Land zu Wohlstand verholfen. 95

*Diese Nomen sind mit Bindestrich geschrieben um sie übersichtlicher zu machen. Sie können auch zusammengeschrieben werden.

Großgeschrieben werden Nomen (Substantive) – einschließlich Eigennamen – und als Nomen gebrauchte Wörter. Alle anderen Wortarten werden kleingeschrieben – es sei denn, sie stehen am Satzanfang.
Nomen erkennst du daran, dass du einen Artikel oder andere Begleiter davor setzen kannst:

Artikel: *die/eine* Sportlerin versteckt: beim (bei *dem*) Wettkampf
Pronomen: *unsere* Athleten
Adjektiv: *stolze* Gewinnerin
Mengenangaben: *zwei* Läuferinnen, *viele* Erfolge

Bei Eigennamen gilt: Adjektive, die Teil eines Eigennamens sind, schreibt man ebenfalls groß (die Olympischen Spiele, die Vereinigten Staaten).

Unterstreiche in den folgenden Meldungen alle Nomen und Eigennamen. Setze für jedes Nomen einen Strich neben die jeweilige Zeile. Wie viele sind es insgesamt?

DIE DEUTSCHEN SLALOM-KANUTEN HABEN AM SONNTAG EINE GOLDMEDAILLE UND ZWEI BRONZEMEDAILLEN AUS DEM WASSER GEFISCHT: DER WELTMEISTER ERWIES SICH IM FINALE ALS MEISTER SEINES FACHS.

DIE DRESSUR-EQUIPE REITET DEM ACHTEN MANNSCHAFTSSIEG BEI OLYMPISCHEN SPIELEN ENTGEGEN. DIE WELTMEISTERIN LEGTE DABEI ALS ERSTE STARTERIN MIT IHREM HENGST FLIEGENDER PFEIL DEN GRUNDSTEIN.

WEGEN DER EINNAHME EINES AUFPUTSCHENDEN MITTELS WURDE AM LETZTEN SONNTAG ZWEI ATHLETEN IHRE BRONZEMEDAILLE ABERKANNT.

Unterstreiche mit einer anderen Farbe alle Wörter, die die Nomen begleiten.

2 Fantasiezeugnis

Das Datum von heute

____

Groß- und Kleinschreibung: Als Nomen gebrauchte Wörter

Fantasiezeugnis*
Sein andauerndes Stören hindert die anderen Schüler am Lernen. / Insbesondere fällt er durch sein ständiges Dazwischenreden auf. / Beim Schreiben von Wörtern beweist er viel Fantasie*. / Etwas ganz Besonderes lässt er sich im Musikunterricht einfallen. / Durch andauerndes Brummen stört er nämlich jedes Singen. / Zum Mitarbeiten muss er im Allgemeinen extra aufgefordert werden. / Eine seiner Lieblingsbeschäftigungen ist das Foppen der Mädchen. / Ob diesen jedoch das Zustecken kleiner Briefchen unangenehm ist, / konnte noch nicht eindeutig festgestellt werden. / Im Großen und Ganzen ist sein Benehmen wahrlich nicht das beste, / er scheint sich aber über die Konsequenzen nicht ganz im Klaren zu sein. 99

*Auch: Phantasie.

Verben, Adjektive und Wörter anderer Wortarten können als Nomen (Substantive) gebraucht werden. Sie werden dann großgeschrieben. Du erkennst diese Wörter daran, dass sie durch einen Begleiter (Artikel, Pronomen, Adjektiv, Zahlwort) angekündigt werden bzw. werden können.

Verb als Nomen:	**Ihr *Tuscheln* störte ihn.**
Partizip als Nomen:	**Halte mich auf dem *Laufenden*.**
Adjektiv als Nomen:	**Gibt es etwas *Neues* von Michael?**
	Ihre Lieblingsfarbe ist *Rot*. (*das* Rot)
Adverb als Nomen:	**Er war aufs *Schlimmste* gefasst.**
Pronomen als Nomen:	**Das *Für* und *Wider* ist abzuwägen.**

***Beachte aber*: Adjektive, die sich auf ein *vorhergehendes* Nomen beziehen, werden – trotz Begleiter – kleingeschrieben. Das Nomen ist dann nur ausgespart.**

Tim las im Urlaub viele Bücher. Die *besten* las er zweimal.

Groß- oder kleingeschrieben? Setze richtig ein.

Er hatte viel Spannendes erlebt und gab unglaubliche Geschichten zum Besten.

Alles Gute für die Reise – und halte mich auf dem Laufenden!

Auch leises Flüstern kann andere in ihrer Konzentration stören.

Nach langem Hin und Her entschied sie sich für beide Kleider, das Rote und das gestreifte.

3 Obstkuchen

Das Datum von heute

Groß- und Kleinschreibung: Zahlwörter

Bei diesem Übungsdiktat sollen alle Zahlwörter ausgeschrieben werden.

Obstkuchen

Isst du gern Obstkuchen? / So einen richtig saftigen aus Hefeteig? / Es gibt nichts Leichteres, als einen Hefeteig herzustellen. / Man braucht ein Pfund Mehl, ein Ei, / zwei Esslöffel Zucker, fünfzig Gramm Butter oder Margarine / ein viertel Liter* Milch, / eine Prise Salz und einen Würfel Hefe. / Als Erstes kommen zwei Drittel des Mehls in die Schüssel, / darauf das Salz und das Ei. / In der lauwarmen Milch werden unter Rühren / Zucker und Hefe gelöst. / Dann gibt man die Milch und das flüssige Fett zum Mehl und verrührt das Ganze. / Nach kräftigem Schlagen bildet der Teig Blasen. / An einem warmen Ort wird er zum Aufgehen gebracht. / Danach wird das letzte Drittel Mehl kräftig in den Teig geknetet. / Nach erneutem Gehen kann der Teig auf dem Blech ausgerollt, / mit Obst belegt und gebacken werden. 130

*Auch: ein Viertelliter. Ebenfalls richtig: einen viertel Liter/Viertelliter.

Zahlwörter werden kleingeschrieben – es sei denn, sie sind Nomen (Substantive) oder werden als Nomen gebraucht.

	Kleinschreibung	**Großschreibung**
Grundzahlen: (Kardinalzahlen)	*zwei* Bücher älter als *zehn* (Jahre) um *zwölf* (Uhr)	eine *Zwei* in Mathe (= die Note) eine *Drei* (= die Zahl) würfeln der neue *Hunderter* (= Geldschein)
Ordnungszahlen:	das *erste* Mal am *dritten* März	als *Erste* ins Ziel kommen jeder *Dritte*
Bruchzahlen:	ein *achtel* Zentner ein *viertel* Liter Milch gegen *halb* eins	ein *Achtel* vom Zentner ein *Viertelliter* (= das Maß) nichts *Halbes* und nichts *Ganzes*

***Beachte*: Grundzahlen über zwölf werden meist als Ziffern geschrieben. Die Zahlwörter *Million, Milliarde, Billion* hingegen schreibt man immer groß und als Wort.**

Schreibe das entsprechende Wort hinter die Ziffer.

Für die Aufgabe gab es bei einem richtigen Ansatz (4) vier Punkte.

(1/5) Ein Fünftel der Arbeiten war unterm Durchschnitt.

Meine (1.) erste (5) Fünf in diesem Halbjahr kann ich noch verkraften.

Petra hat eine knappe (4) Vier geschafft, obwohl sie (3) drei Tage lang geübt hat.

Ehrlich, manchmal schaffe ich eine (1) Eins; aber das geht nur am (13.) Dreizehnten eines Monats; das ist nämlich meine Glückszahl.

4 Stille Verabredung

Das Datum von heute

____

Groß- und Kleinschreibung: Anredepronomen

Stille Verabredung
Es begann damit, / dass mitten in der Geschichtsstunde / ein Briefchen direkt auf Sandras Tisch landete. /

Hallo, Sandra, /
hast du Lust* mit mir heute Nachmittag / ins Kino zu gehen? / Um vier Uhr läuft „Robin Hood“. Ich würde mich sehr freuen, / wenn du meine Einladung annimmst. /
Jan /

Kurze Zeit später bekam Jan eine schriftliche Antwort, / die mit kleinen Herzen verziert war. /

Hallo, Jan!
Tolle Idee! / Ich freue mich, / dass du mich einlädst. / Holst du mich um halb vier bei mir zu Hause ab? /
Sandra /

Jan träumte sich in den Nachmittag hinein, / als plötzlich eine Gestalt neben ihm auftauchte. / „Jan, ich habe dich etwas gefragt!“, / hörte er die Stimme seiner Geschichtslehrerin. / Blitzschnell schob er Sandras Brief unter das Geschichtsbuch. / „Können Sie die Frage noch einmal wiederholen?“, / fragte er scheinheilig. 128

*Neu: Hier muss kein Komma gesetzt werden.

Die Höflichkeitsformen der Anredepronomen (Sie, Ihre, Ihr, Ihnen) werden immer großgeschrieben.
Die vertraulichen Anredepronomen *du* und *ihr* mit den zugehörigen Formen (dein, euch, euer ...) werden dagegen immer kleingeschrieben – auch in Briefen.

Auch Informations- und Werbetexte sprechen Menschen an.
Ergänze im folgenden Text die passenden Anredepronomen.

Die Kriminalpolizei rät

Stellen ______________ sich als Zeuge zur Verfügung.

Wenn ______________ Zeuge mutwilliger Zerstörungen oder

anderer Gewalttaten werden, verständigen ______________

bitte gleich die Polizei. Wer schweigt, hilft den Tätern.

Wir wollen, dass ______________ sicher leben.

______________ Polizei

Setze auch hier die passenden Anredepronomen ein.

Sehr geehrter Herr Schniedermann,

wir möchten ______________ mitteilen, dass das von ______________ bestellte

Spezialfahrrad eingetroffen ist. Bitte setzen ______________ sich mit unserer

Speditionsabteilung in Verbindung, damit wir mit ______________ einen

Termin für die Lieferung vereinbaren können.

Mit freundlichen Grüßen

Fa. Kauffroh

5 Die Qual der Wahl

Das Datum von heute

Groß- und Kleinschreibung: Herkunftsbezeichnungen

Die Qual der Wahl

Jedes Frühjahr gibt es wegen des Urlaubs bei Familie Müller Streit: / Mutter und Sohn wollen Neues entdecken, / der Vater möchte wandern. /

Auch dieses Jahr schlägt er als Urlaubsziel das Hochgebirge vor. / In die Ötztaler Alpen oder ins Zillertal möchte er reisen. / Sohn Thomas hält viel mehr / von einem Urlaub auf den Kanarischen Inseln / oder an der spanischen Atlantikküste. / Wenn das zu teuer ist, / käme notfalls auch ein Badeort / an den oberitalienischen Seen in Frage*. /

Mutter würde gern eine der Karibischen Inseln bereisen. / Auch eine Rundreise durch Mexiko / oder eine Studienreise zu den oberägyptischen Tempeln gefiele ihr gut. /

Wie würdest du dich entscheiden? 106

*Auch: infrage.

Herkunftsbezeichnungen, die auf *-er* enden, werden großgeschrieben.

Kölner Dom Stuttgarter Nachrichten Königsberger Klospe

Herkunftsbezeichnungen auf *-isch* werden kleingeschrieben.

französischer Wein russischer Zirkus westfälischer Schinken

***Beachte aber*: Ist das Adjektiv auf *-isch* Teil eines Eigennamens, dann wird es großgeschrieben (→ Seite 7).**

die Schwäbische Alp der Indische Ozean der Bayerische Wald

Entscheide, ob die Herkunftsbezeichnung groß- oder kleingeschrieben wird. Schreibe sie entsprechend auf.

ITALIENISCHE STADT ____________________

DIE BERLINER BEVÖLKERUNG ____________________

DIE HOLSTEINISCHE SCHWEIZ ____________________

DIE SÄCHSISCHE SCHÜLERIN ____________________

STILLER OZEAN ____________________

DIE NORDFRIESISCHEN INSELN ____________________

FRANKFURTER WÜRSTCHEN ____________________

6 Ein ganz normaler Tag

Das Datum von heute

____

Groß- und Kleinschreibung: Zeitangaben

Ein ganz normaler Tag
Es heißt, morgens um sieben* sei die Welt noch in Ordnung. / Auch für Uwe schien dieser Morgen / der Beginn eines schönen Tages zu sein. / Am Nachmittag half er seiner Mutter beim Einpacken, / denn sie wollten bis Sonntagabend ins Grüne fahren, / sobald Vater von der Arbeit zurück war. /
Als er gegen Abend endlich kam, / fehlte sein Lächeln, mit dem er sie sonst begrüßte. / Verbittert erzählte er, / dass man ihm heute Mittag gekündigt habe. / Er sei dafür verantwortlich, / dass die Firma nicht genügend Aufträge erhalten habe. / Dabei hatte Vater alles für den Betrieb getan / und täglich zehn Stunden und mehr gearbeitet, / oft sogar samstags. / Das Schlimmste aber: Er hatte sich nichts zuschulden** kommen lassen. / Als Erstes war für ihn immer die Firma gekommen. / Auf einmal war Uwes Welt alles andere als in Ordnung. 135

*Zur Schreibung dieser Zeitangabe siehe das Thema *Zahlwörter* auf Seite 11.
**Auch: zu Schulden.

Zeitangaben, die Nomen (Substantive) sind, werden großgeschrieben. Du erkennst sie am Begleiter oder daran, dass du einen Begleiter einsetzen kannst:

am (an dem) Morgen   gegen (den) Abend   der Montagmorgen

Zeitangaben, die Adverbien (Umstandswörter) sind, werden kleingeschrieben. Oft enden sie dann auf *s*.
***Beachte aber*: Auch das Nomen im Genitiv endet auf *s* (eines Morgens).**

morgens   dienstags   dienstagabends   gestern   morgen

Entsprechend schreibt man in *Tageszeitangaben* die Adverbien klein und die Nomen groß.

heute Mittag   morgen Nachmittag   vorgestern Abend

Unterstreiche im Text auf der linken Seite alle Zeitangaben. Wie viele Nomen, wie viele Adverbien, wie viele Tageszeitangaben mit Adverb und Nomen sind es?

Ergänze in den Leerzeilen der folgenden Liste weitere Beispiele.

Nomen	**Adverbien**	**Tageszeitangaben mit Adverb und Nomen**
am Abend	morgens	heute Abend
eines Montags	werktags	gegen Morgen
jeden Montag	mittwochs	übermorgen Abend
am Mittwochabend	übermorgen	gestern Nachmittag

7 Der Abfahrtslauf

Das Datum von heute

Zusammenschreibung von Wortzusammensetzungen

Der Abfahrtslauf
Mut, Körperkraft, Gewandtheit, Fahrtechnik / – wer über diese Fertigkeiten verfügt, / kann beim Abfahrtslauf erfolgreich sein. / Teilnehmer am Abfahrtslauf müssen bei hohen Geschwindigkeiten / blitzschnell denken und handeln, / sonst ist es um den Sieg geschehen. /
In den steilsten Abschnitten der Abfahrtsstrecke / erreichen die Skifahrer* Spitzengeschwindigkeiten / von mehr als 100 Kilometern in der Stunde. / Sie sind so schnell wie ein Auto auf der Landstraße. / Bei diesem Tempo müssen Bodenwellen überwunden, / Luftsprünge gemacht und Richtungswechsel in Schräglage gemeistert werden. /

Eine richtige Körperhaltung setzt den Luftwiderstand herab. / Früher fuhr man in geduckter Haltung. / Der Körper bildete bei eng geführten Skiern / die windschlüpfrige so genannte** Eiform. / Heute fahren Schnellläufer*** bei breiterer Beinstellung entspannter / und können noch höhere Geschwindigkeiten erzielen.

114

*Auch: Schi. **Neu: Getrenntschreibung. ***Auch: Schnell-Läufer.

Zusammensetzungen aus zwei oder mehr Wörtern, die einen neuen Begriff ergeben, werden zusammengeschrieben (Haustür, Fensterbank). Der letzte Bestandteil solcher Zusammensetzungen, das *Grundwort*, bestimmt die Wortart und damit auch die Groß- oder Kleinschreibung:

Nomen	+	*Nomen*	→	*Nomen*
Eis		Berg		Eisberg
Adjektiv	+	*Nomen*	→	*Nomen*
fern		Reise		Fernreise
Nomen	+	*Adjektiv*	→	*Adjektiv*
Blitz		schnell		blitzschnell
Adjektiv	+	*Adjektiv*	→	*Adjektiv*
bitter		böse		bitterböse

Beachte: Wenn in Zusammensetzungen drei gleiche Buchstaben zusammentreffen, werden auch alle drei geschrieben. Man kann, um die Verbindung leichter lesbar zu machen, auch einen Bindestrich setzen.

Fluss + Sand → Flusssand oder Fluss-Sand

Ergänze in der Tabelle Beispiele für Wortzusammensetzungen aus dem Text auf der linken Seite. Unterstreiche das Grundwort und bestimme die Wortart (N = Nomen, A = Adjektiv, Verb = Verb).

Nomen + Nomen Abfahrtslauf (N) ______________________

____

Nomen + Adjektiv ______________________________

____

Adjektiv + Nomen ______________________________

8 Vom Wald

Das Datum von heute

____

Zusammenschreibung von Verbverbindungen

Vom Wald
Waldschäden, durch menschliche Einflüsse hervorgerufen, / sind nicht erst in unserer Zeit zum Problem geworden. / Tatsächlich reicht die Geschichte der Waldzerstörung zurück / bis in die Zeit des Römischen Reiches / und die Blütezeit des alten Griechenlands. / Damals mussten Unmengen von Holz / für den Bau von Kriegsschiffen, von Wohnhäusern / und als Brennmaterial für die Ziegeleien bereitgestellt werden. / Aus diesem Grund wurden riesige Wälder abgeholzt, / die entstandenen Äcker bebaut. / Doch der Boden blieb nicht lange fruchtbar. / Der Regen spülte die nährstoffreichen Schichten davon, / die zuvor von den Pflanzenwurzeln festgehalten wurden. / Die Folge waren felsige Landstriche – oder das Vordringen der Wüste. 98

Ein Verb kann als Grundwort Zusammensetzungen mit anderen Wortarten bilden (z. B.: fest*halten*, wider*sprechen*).
Manche dieser Zusammensetzungen werden beim Wechsel der Zeitform wieder getrennt (z. B. festhalten, teilnehmen). Zusammengeschrieben werden diese sog. *trennbaren Verben* immer im Infinitiv und als Partizip.

Er konnte die Mütze gerade noch *festhalten*. (als Infinitiv zusammen)
Die Mütze *festhaltend* rannte er los. (als Partizip zusammen)

Aber: Er *hält* die Mütze *fest*. Er *hielt* sie *fest*.

Andere Zusammensetzungen mit Verben stehen in allen Zeitformen in der gleichen Reihenfolge (z. B.: widersprechen, handhaben). Diese so genannten *untrennbaren* Verben werden in allen Zeiten zusammengeschrieben.

Sie hatte es anders *gehandhabt*. Sie *widersprach* ständig.

Im Text auf der linken Seite gibt es sechs trennbare Verbzusammensetzungen. Unterstreiche sie. (In zwei Sätzen sind die Bestandteile getrennt.)

Trennbar oder untrennbar? Kennzeichne die folgende Verben entsprechend mit einem t oder u. Bilde zur Überprüfung einen kleinen Satz im Perfekt (Sie *ist fortgegangen*.) und Präteritum (Sie *ging fort*.) und achte auf die Stellung der Wortbestandteile.

__ hinzukommen	__ abändern	__ schlussfolgern
__ weissagen	__ preisgeben	__ langweilen
__ widerspiegeln	__ weglaufen	__ fortlaufen

9 Terrier allein unterwegs

Das Datum von heute

Verbverbindungen mit unterschiedlichen Bedeutungen

Terrier allein unterwegs

Ein kleiner Hund legte auf seinem Weg nach Hause 75 Kilometer zurück / und setzte dabei sogar über einen Bach. / Der drei Jahre alte Terrier war seiner Halterin / bei einem Stopp an einer Raststätte entwischt. / Sie hatte einem Tankwart gerade / die Frage eines spanischen Touristen übersetzt. / Der kleine Hund machte sich alleine auf den Weg nach Hause. Seine Besitzerin merkte erst eine Stunde später, / dass sich ihr / Hund unterwegs abgesetzt hatte. /

Nachdem die Suche zunächst vergeblich geblieben war, / fand ein Mann das Tier festgeklemmt in einem Stacheldrahtzaun, / der nur einen Kilometer vom Haus der Besitzerin entfernt war. /

Dieses Abenteuer war also noch einmal gut gegangen*. / Wieder zu Hause, ließ der kleine Ausreißer es sich / bei einer Extraportion Hundekuchen erst einmal gut gehen*. 124

*Neu: Getrenntschreibung.

Für die Getrennt- und Zusammenschreibung gilt allgemein:
Bestandteile von *Wortgruppen* werden getrennt geschrieben, Bestandteile von *Zusammensetzungen* schreibt man zusammen.

Zusammensetzung oder Wortgruppe? Bei einigen Verbverbindungen hängt dies von ihrer Bedeutung ab. Der Zusammenhang bestimmt die Bedeutung und damit auch die Getrennt- oder Zusammenschreibung.

gut schreiben (leserlich schreiben)	gutschreiben (anrechnen)
sicher gehen (ohne zu schwanken gehen)	sichergehen (Gewissheit haben)

Hier hilft die *Betonungsprobe*: Zusammensetzungen erkennst du in den meisten Fällen daran, dass in dem Wort nur *eine* Silbe stark betont wird (gutschreiben, sichergehen). Bei Getrenntschreibung werden beide Wörter der Wortgruppe betont (gut schreiben, sicher gehen).

Bei den folgenden Wortverbindungen kommt es auf die Bedeutung an. Setze den richtigen Ausdruck ein. Denke an die Betonungsprobe.

gut schreiben – gutschreiben

Wenn wir ____________________ , kann der Empfänger auch alles entziffern.

Der Bankangestellte will die Zinsen dem Bankkonto ____________________.

fest halten – festhalten

Du musst das Seil ____________________.

Dies müsste man schriftlich ____________________

sicher gehen – sichergehen

In diesem Fall muss der Rechtsanwalt ____________________.

Mit flachen Schuhen kannst du ____________________.

10 Rabe und Fuchs

Das Datum von heute

____

Getrenntschreibung: Infinitiv mit *zu*

Rabe und Fuchs

Ein Rabe hatte einen Käse gestohlen. / Er flog damit auf einen Baum* / um dort seine Beute in aller Ruhe zu verspeisen. / Ein hungriger Fuchs, der des Weges kam, / mochte ihm dabei nicht tatenlos zusehen. / Er begann den Raben auf folgende Weise zu loben: / „Oh, Rabe, was bist du für ein herrlicher Vogel. / Wenn dein Gesang ebenso schön ist wie dein Gefieder, / sollte man dich zum König der Vögel krönen.“ / Dem Raben taten diese Schmeicheleien so wohl, / dass er seinen Schnabel weit aufsperrte* / um dem Fuchs eine Probe seiner Sangeskunst zu geben. / Dabei entfiel ihm der Käse. / Der Fuchs, der darauf gewartet hatte, / konnte schnell zuschnappen und den Käse verschlingen. 112

*Neu: Hier muss kein Komma gesetzt werden.

Infinitive mit *zu* werden in der Regel getrennt geschrieben.

Sie vergaß die Hausaufgaben *zu machen*.
Dieser wackeligen Konstruktion war nicht *zu trauen*.

***Unterscheide aber*: Bei manchen Verben ist *zu-* die Vorsilbe.**

Er sollte die Pforte *zumachen*.
Diese Aufgabe kann man ihr ruhig *zutrauen*.

Zur Unterscheidung hilft die *Betonungsprobe*: Beim Infinitiv mit *zu* liegt die Betonung auf dem Verbstamm (zu machen). Bei der Vorsilbe liegt die Betonung auf *zu-* (zumachen).

27 Infinitiv mit *zu* oder *zu-* als Vorsilbe?
Trage in die Lücken ein.
Achte auf die Betonung.

zu/machen

Hier ist heute nichts ______________________________.

Könntest du wohl das Fenster ______________________________?

zu/stimmen

Würden Sie der Meinung ______________________________?

Das braucht doch nicht unbedingt ______________________________.

zu/hören

Von dem Krach war im Nebenzimmer nichts ______________________________.

Er könnte ruhig mal ein wenig genauer ______________________________.

zu/lassen

Werdet ihr das wirklich ______________________________?

Es ist gemein, ihn nicht mitspielen ______________________________.

11 Galilei

Das Datum von heute

Getrenntschreibung: Nomen + Verb

Galilei

Schon früh setzte sich Galilei / mit mathematischen und physikalischen Problemen auseinander. / Mit einem Fernrohr beobachtete er Planeten und Sterne. /
Seine Aufsehen erregenden* Theorien / machten ihn zum Vorkämpfer eines Weltbildes, / das die Sonne als Mittelpunkt ansah. / Dies brachte ihn schnell in Konflikt mit der Kirche. / Sie beurteilte seine Forschungen als Besorgnis erregend*. / Schließlich stellte seine Lehre die Idee / von der Erde als Mittelpunkt der Welt in Frage** / – und damit, so die Befürchtung des Vatikans, / auch die Existenz Gottes. / Freunde, bei denen er Rat suchte, / warnten ihn vor den Gefahr bringenden* Folgen seiner Entdeckungen. / Schließlich wurde Galilei der Prozess gemacht / und man zwang ihn dazu, seine Lehre zu widerrufen. / Doch die Zukunft sollte zeigen, dass er nicht Unrecht hatte. 118

*Hier ist die Getrenntschreibung neu.

**Auch: infrage.

Getrennt geschrieben werden in der Regel Wortgruppen aus Nomen + Verb:

Not leiden		Rad fahren		Kopf stehen

Die Bevölkerung musste *Not leiden*.
Der *Not leidenden* Bevölkerung wurde geholfen.

Beachte aber: Wenn diese Verbindungen nominalisiert werden (das Autofahren, das Kopfstehen ...), schreibt man sie zusammen – und natürlich groß.

Bilde Sätze aus folgenden Verbindungen.

Angst haben ______________________________

____

Rad fahren ______________________________

____

beim Skilaufen ______________________________

____

Recht behalten ______________________________

____

das Schlangestehen ______________________________

12 Freunde?

Das Datum von heute

Getrenntschreibung: steigerbares Adjektiv + Verb

Freunde?
Zwei befreundete Männer gingen durch einen Wald, / als ganz unvermittelt ein großer Bär auf dem Waldweg stand. / Der eine Mann begab sich eilig kletternd auf einen Baum, / der andere dagegen blieb auf dem Wege. / Er legte sich stocksteif hin / und hoffte* den Bär zu täuschen, / indem er sich tot stellte. / Der Bär kam gemächlich schreitend auf ihn zu / und beschnupperte ihn. / Der Mann hielt seinen Atem an, / als der Bär ihm so nahe kam. / Dieser hielt den Mann offensichtlich für tot / und trollte sich ins Dickicht. /
Da kam der andere Mann frohlockend vom Baum herunter / und fragte seinen Freund laut lachend: / „Der Bär hat doch dein Ohr berührt, / was hat er dir denn zugeflüstert?“ / Darauf antwortete der Gefragte: / „Stell dir vor, er hat mir gesagt, / dass ein richtiger Freund sich erst in einer Notsituation / als Freund erweist.“ 138

*Neu: Hier muss kein Komma gesetzt werden.

Wortverbindungen aus *Adjektiv + Verb* werden getrennt geschrieben, wenn das Adjektiv *gesteigert* oder *erweitert* werden kann (z. B. leicht fallen, laut lachend).

Beispiel: **schnell fahren**
Steigerungsprobe: ***schneller* fahren** ***ganz schnell* fahren**
Erweiterungsprobe: **schnell *mit dem Auto* fahren**

***Aber*: frohlocken, liebkosen, fernsehen**

Wie viele *Wortgruppen* aus Adjektiv + Verb gibt es im Text auf der linken Seite?

Entscheide, ob in den folgenden Sätzen zusammen- oder getrennt geschrieben wird. Mache die Probe, indem du das Adjektiv steigerst oder erweiterst.

laut/sprechen: Bei einem Vortag sollte man ______________________,

sodass alle Zuhörer einen hören können.

voll/enden: Heute will er den Bau seines Drachens ______________.

fern/sehen: Heute Abend möchte ich eine Stunde lang

______________________.

gut/gehen: Ich hoffe, es wird dir im Urlaub ______________________.

heim/fahren: Heute möchte ich zeitig ______________________.

13 Storchenleben

Das Datum von heute

Lang gesprochene Vokale: das Längezeichen *h*

Storchenleben

Jedes Frühjahr kehren die Störche / aus ihren Winterquartieren im fernen Afrika zurück. / Auf Hausdächern bauen sie ihre Nester, / die gewöhnlich von mehreren Generationen nacheinander bewohnt werden. / Jahr für Jahr werden diese vergrößert und erhöht, / bis schließlich ein wahrer Turm den Giebel ziert. /

Wahrscheinlich haben die Störche früher ihre Nester auf Bäumen gebaut. / Doch nun haben sie sich an den Menschen gewöhnt / und suchen seine Nähe. / Sie fühlen sich auf Schornsteinen und Strohdächern besonders wohl. /

Aber seit einigen Jahren bleiben immer mehr Nester leer. / Immer weniger Störche kehren von ihrer langen Winterreise zurück. / Ein Grund ist, dass die Störche in den von Menschen genutzten Wiesen und Feldern / kaum noch Nahrung finden.

111

Das *h* ist ein häufig vorkommendes Längezeichen bei lang gesprochenem Vokal (Selbstlaut). Es bleibt meist auch in verwandten Wörtern erhalten.

fehlen – er fehlt, Fehler, Fehltritt **leihen – sie leiht, sie lieh, Leihgabe**

***Beachte*: Bei folgenden gleich ausgesprochenen Wörtern musst du auf die unterschiedliche Bedeutung achten:**

dehnen – denen **Mahl – Mal** **mahlen – malen** **Wahl – Wal**

Leider gibt es keine eindeutige Regel dafür, wann ein Vokal durch ein *h* gedehnt wird. Präge dir die Schreibweise schwieriger Wörter also gut ein.

Unterstreiche im Text auf der linken Seite alle Wörter mit einem *h* als Längezeichen. Schreibe sie dann nach Vokalen geordnet auf.

ah/äh ______________________________

____

eh ______________________________

ih ______________________________

oh/öh ______________________________

____

üh ______________________________

Ergänze so, dass die Bedeutung klar wird.

Getreide – Bilder – das erste – Essen – Abstimmung – Meerestier

Mahl = ____________ ____________ malen

____________ Mal Wahl = ____________

____________ mahlen Wal = ____________

14 Mit Vieh eingerückt

Das Datum von heute

Lang gesprochene Vokale: das lange *i*

Mit Vieh eingerückt

Mit sieben Kühen und einem Stier / erschien ein österreichischer Landwirt vor einer Kaserne* / um seinen Dienst als Soldat anzutreten. / Mit dieser Aktion wollte der friedliebende Zeitgenosse / gegen seine Einberufung zum Wehrdienst protestieren / und seinem Widerspruch Nachdruck verleihen. /
Er könne nämlich seinen Hof, / auf dem er viele Tiere zu versorgen habe, nicht verlassen. / Ihm und seinen Tieren wurde am Kasernentor der Eintritt verwehrt. /
Nach dem Protest fuhren Bauer und Vieh wieder nach Hause. /
Über den Ausgang dieser Viecherei wurde nichts bekannt. 83

* Neu: Hier muss kein Komma gesetzt werden.

LÖSUNGEN

1

☆ Es sind 22 Nomen.
Die deutschen Slalom-Kanuten haben *am* Sonntag *eine* Goldmedaille und *zwei* Bronzemedaillen aus *dem* Wasser gefischt: *Der* Weltmeister erwies sich *im* Finale als Meister *seines* Fachs.
Die Dressur-Equipe reitet *dem achten* Mannschaftssieg bei Olympischen Spielen entgegen. *Die* Weltmeisterin legte dabei als *erste* Starterin *mit ihrem* Hengst Fliegender Pfeil *den* Grundstein.
Wegen *der* Einnahme *eines aufputschenden* Mittels wurde *am letzten* Sonntag *zwei* Athleten *ihre* Bronzemedaille aberkannt.

2

☆ Er hatte viel Spannendes erlebt und gab unglaubliche Geschichten zum Besten.
Alles Gute für die Reise – und halte mich auf dem Laufenden!
Auch leises Flüstern kann andere in ihrer Konzentration stören.
Nach langem Hin und Her entschied sie sich für beide Kleider, das rote und das gestreifte.

3

☆ Für die Aufgabe gab es bei einem richtigen Ansatz vier Punkte.
Ein Fünftel der Arbeiten war unterm Durchschnitt.
Meine erste Fünf in diesem Halbjahr kann ich noch verkraften.
Petra hat eine knappe Vier geschafft, obwohl sie drei Tage lang geübt hat.
Ehrlich, manchmal schaffe ich eine Eins; aber das geht nur am Dreizehnten eines Monats; das ist nämlich meine Glückszahl.

4

☆ Die Kriminalpolizei rät
Stellen Sie sich als Zeuge zur Verfügung. Wenn Sie Zeuge mutwilliger Zerstörungen oder anderer Gewalttaten werden, verständigen Sie bitte gleich die Polizei. Wer schweigt, hilft den Tätern. Wir wollen, dass Sie sicher leben. Ihre Polizei

☆☆ *Sehr geehrter Herr Schniedermann,*
wir möchten Ihnen mitteilen, dass das von Ihnen bestellte Spezialfahrrad eingetroffen ist. Bitte setzen Sie sich mit unserer Speditionsabteilung in Verbindung, damit wir mit Ihnen einen Termin für die Lieferung vereinbaren können. ...

5

☆ italienische Stadt, die Berliner Bevölkerung, die Holsteinische Schweiz, die sächsische Schülerin, Stiller Ozean, die Nordfriesischen Inseln, Frankfurter Würstchen

6

☆ *vier Nomen*: dieser Morgen, am Nachmittag, Sonntagabend, gegen Abend
zwei Adverbien: morgens, samstags
eine Tageszeitangabe mit Adverb und Nomen: heute Mittag

7

☆ *Nomen + Nomen*:
(Wortart: Nomen) Abfahrtslauf (die Abfahrt/der Lauf), Körperkraft (der Körper/die Kraft), Fahrtechnik (das Fahren/die Technik), Teilnehmer (der Teil, der Nehmer), Abfahrtsstrecke (die Abfahrt/die Strecke), Schifahrer (der Schi/der Fahrer), Spitzengeschwindigkeiten (die Spitze/die Geschwindigkeit), Kilometer (das Kilo/der Meter), Landstraße (das Land/die Straße), Bodenwellen (der Boden/die Welle), Luftsprünge (die Luft/der Sprung), Richtungswechsel (die Richtung/der Wechsel), Körperhaltung (der Körper/die Haltung), Luftwiderstand (die Luft/der Widerstand – bzw.: die Luft/wider (= Partikel)/der Stand), Eiform (das Ei/die Form), Beinstellung (das Bein/die Stellung)
Nomen + Adjektiv:
(Wortart: Adjektive) erfolgreich (der Erfolg/reich),
windschlüpfrige (der Wind/schlüpfrig)
blitzschnell (der Blitz/schnell)
Adjektiv + Nomen:
(Wortart: Nomen) Schräglage (schräg/die Lage),
Schnellläufer (schnell/der Läufer)

8

☆ 1. Waldschäden, durch menschliche Einflüsse hervorgerufen, ...
2. Tatsächlich reicht die Geschichte der Waldzerstörung zurück bis ... (aber: zurückreichen)
3. Damals mussten ... bereitgestellt werden.
4. Aus diesem Grund wurden riesige Wälder abgeholzt, ...
5. Der Regen spülte die nährstoffreichen Schichten davon, (aber: davonspülen)
6. die zuvor von den Pflanzenwurzeln festgehalten wurden.

t	hinzukommen	t	abändern	u	schlussfolgern
u	weissagen	t	preisgeben	u	langweilen
t	widerspiegeln	t	weglaufen	t	fortlaufen

9

☆ Wenn wir gut schreiben, kann der Empfänger auch alles entziffern.
Der Bankangestellte will die Zinsen dem Bankkonto gutschreiben.
Du musst das Seil fest halten.
Dies müsste man schriftlich festhalten.
In diesem Fall muss der Rechtsanwalt sichergehen.
Mit flachen Schuhen kannst du sicher gehen.

10

☆ Hier ist heute nichts zu machen.
Könntest du wohl das Fenster zumachen?
Würden Sie der Meinung zustimmen?
Das braucht doch nicht unbedingt zu stimmen.
Von dem Krach war im Nebenzimmer nichts zu hören.
Er könnte ruhig mal ein wenig genauer zuhören.
Werdet ihr das wirklich zulassen?
Es ist gemein, ihn nicht mitspielen zu lassen.

11

☆ Beispiele
Diesmal hatte er keine Angst.
Sie konnte schon mit vier Rad fahren.
Beim Skilaufen brach er sich ein Bein.
Sie wusste, sie würde Recht behalten.
Am meisten nervte sie das Schlangestehen.

12

☆ Es sind fünf Wortgruppen aus Adjektiv + Verb bzw. Partizip:
eilig kletternd, tot stellte, gemächlich schreitend, nahe kam, laut lachend

☆☆ Bei einem Vortag sollte man laut sprechen (ganz laut sprechen), ...
Heute will er den Bau seines Drachens vollenden.
Heute Abend möchte ich eine Stunde lang fernsehen.
Ich hoffe, es wird dir im Urlaub gut gehen (besser gehen).
Heute möchte ich zeitig heimfahren.

13

☆ *ah/äh*: Frühjahr, Jahr (2x), wahrer, Wahrscheinlich, Nähe, Jahren, Nahrung
eh: kehren (2x), mehreren, mehr
ih: ihren, ihre (2x), ihrer

oh/öh: gewöhnlich, bewohnt, erhöht, gewöhnt, Strohdächern, wohl
üh: Frühjahr, früher, fühlen

Mahl = Essen	Bilder malen
das erste Mal	Wahl = Abstimmung
Getreide mahlen	Wal = Meerestier

14

politische Beschäftigung
Krimis lesen
spazieren gehen
Musik
Spiele
ins Kino gehen
studieren und arbeiten
Illustrierte lesen

mit Freunden telefonieren
Briefe schreiben
Maschinen und Apparate bedienen
Videos
Lieder singen
Ski fahren
Klavier spielen

15

widerstreben
widerborstig
wieder beleben
wiederkäuen

der Widerhaken
widerlegen
der Widerruf
der Widerwille

die Wiedergabe
die Wiederkehr
das Wiedersehen
der Widersacher

der Stiel des Apfels	im Stil des Hauses
ein Lied vortragen	mit geschlossenen Lidern
mit freundlicher Miene	ein Minengebiet räumen

16

Beispiele:
Adjektiv: grausam, gewaltsam, wunderbar, trinkbar, strebsam, teilbar, uralt, furchtsam, essbar, mühsam
Nomen: Uroma, Urenkel, Urwald, Besitztum, Reichtum, Scheusal, Rinnsal, Mühsal, Altertum, Königtum

17

Halt, Halde, Salz, Kralle
Imker, Samt, Himmel, Zimt
Tinte, Sonne, Hand, Pfund
Kapsel, gestoppt, Steppe, Schnaps
Fett, Witwe, Mitte, Kante

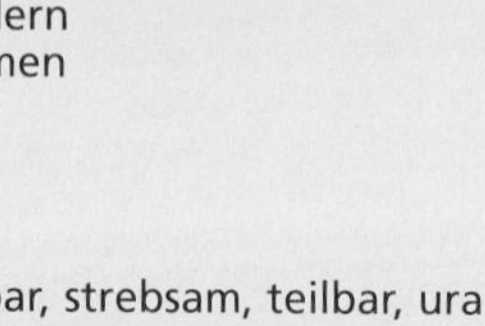

18

✰ Brückenschlag, Zukunft, Katze, Sack, Energiemarkt, schwarzer, Banken, Elektroschock, Kartentricks, Knopfdruck

19

✰ Reisen – einfach weil's Spaß macht.
Warum Kompromisse schließen?
Heiße Eisen in riesiger Auswahl
Schlussverkauf, da purzeln die Preise
Man kann die Natur nicht verbessern, aber verfeinern!
Worauf Sie sich verlassen können.
In neuer Größe ein alter Genuss
Steigen Sie ganz groß ein, genießen Sie das Leben!
Lassen Sie den Alltag hinter sich: Ein ungestörter Fahrgenuss!

20

✰

Regie	Turbine	Praline	Apfelsine	Kolonie
Routine	Stativ	Sympathie	Chemie	Violine

charakterisieren	reparieren
demonstrieren	interessieren
abonnieren	alarmieren
formulieren	studieren

21

✰ „So ein Pech", schimpft Vater, „schon wieder habe ich im Lotto keine einzige Zahl richtig!" „Mach dir nicht draus", tröstet ihn Corinna, „mir ging es heute in der Mathearbeit genauso!"
Ein Hundebesitzer meinte gegenüber seinem Freund: „Mein Hund ist wirklich gescheit. Jeden Morgen bringt er mir die Zeitung." „Das ist doch nichts Besonderes, das macht doch fast jeder Hund", entgegnete darauf der Freund. „Ja, schon", antwortete der Hundefreund, „aber ich habe überhaupt keine Zeitung abonniert."

22

✰ Frau Weber schwärmt für teuren französischen Rotwein.
Großvater mag würzigen westfälischen Schinken.
Katharina ist für frischen, zarten Spargel.
Timo bestellt sich ein großes gemischtes Eis.
Großmutter fragt nach einer herzhaften, bekömmlichen Suppe.
Während des Essens wird darüber gesprochen, dass die Webers in den nächsten großen Ferien mit ihrem neuen, geräumigen Wohnmobil nach Spanien fahren wollen.

23

☆ Philipp, mein bester Freund, hat mich heute genervt.
Er will ihr einen Brief schreiben, und zwar noch heute.
Lisa, nun sei doch mal still!
Aua, das tat mir weh!
Pia ist gut in Mathe, besonders in Geometrie.
Komm doch mit, bitte!
Ich sende dir, liebe Anna, herzliche Feriengrüße.
Eines Tages, es war mitten im Winter, stand bei uns eine Katze vor der Tür.
Sie wollen heute etwas unternehmen, zum Beispiel ins Kino gehen.

24

☆ Er verbringt einen ganzen Tage [damit] , für sie ein Geburtstagsgeschenk zu basteln.
Sie muss sich [darauf] gefasst machen, ihn nicht auf ihrer Geburtstagsfeier zu sehen.
Denke bitte [daran], die Eintrittskarte mitzubringen.
Wie im letzten Jahr, [so] hatten wir auch diesmal Glück.
[Daran], das Buch zu verleihen, dachte sie nicht.
[Die beiden], Svenja und Lars, verirrten sich beim Spaziergang.

25

☆ Ein Komma wäre sinnvoll bei folgenden Sätzen:
Jana fotografierte ihren Freund(,) und meine Freundin lag in der Sonne.
Tina und Dominik warten auf euch(,) und die anderen gehen schon voraus.

26

☆ Auf der Party kriegen alle mit, [dass] Lars und Kati sich <u>mögen</u>.
[Weil] sie gern zusammen sein <u>möchten</u>, versorgen Reni und Falk die anderen mit Grillwürstchen.
[Nachdem] Tim und Ute den ersten Tanz gewagt <u>haben</u>, stürzen sich auch die anderen Partygäste ins Getümmel.
[Obwohl] kein Alkohol getrunken werden <u>darf</u>, tanzt Ingo bereist um 10 Uhr auf dem Tisch.
Karen sagt über Lautsprecher an, [dass] das Salatbüffet gestürmt werden <u>darf</u>.
[Bis] alle mit Tellern versorgt sind, hat Niko schon zweimal einen Nachschlag geholt.

27

☆ Sven tanzt mit Anna, die Jochens Freundin ist.
Lisa, die das Aufräumen übernommen hat, ist verschwunden.
Daniel sucht nach Klara, mit der er noch etwas Wichtiges besprechen möchte.
Thomas ruft nach Stefanie, über die er sich gerade noch lustig gemacht hat.

28

☆ R Das Video, <u>das</u> ich dir geliehen habe, brauche ich zurück.
K <u>Dass</u> es so weit kommen würde, hatte sie nicht gedacht.
R Die Frau interessiert sich für ein Auto, <u>das</u> sie in der Ausstellung gesehen hat.
K Lars hofft darauf, <u>dass</u> die Aufführung ein Erfolg wird.
K <u>Dass</u> es heute so schön würde, wer hätte das gedacht?

29

☆ Gei-ge als Fahr-preis
Mu-si-ka-lisch, un-ge-dul-dig, un-ver-schämt o-der ver-bre-che-risch? Die-se Fra-ge müs-sen jetzt die Po-li-zei-be-am-ten in Wol-fen-büt-tel klä-ren. Sie sind näm-lich auf der Su-che nach ei-nem Ta-xi-fah-rer, der an-statt des Fahr-gel-des ei-ne ex-trem wert-vol-le Gei-ge kas-sier-te. Der Chauf-feur (Schof-för) war von ei-nem Kon-zert-meis-ter da-rum ge-be-ten wor-den, vor ei-nem E-lek-tro-ge-schäft an-zu-hal-ten, weil er kurz-fris-tig aus-stei-gen und ei-nen Mehr-fach-ste-cker für sei-ne neue Ste-re-o-an-la-ge kau-fen woll-te. Sei-ne drei-hun-dert Jah-re al-te Gei-ge ließ der Künst-ler vor-sichts-hal-ber im Fahr-zeug lie-gen. Als der Mu-si-ker wie-der zu-rück-kam, war das Ta-xi ver-schwun-den und mit ihm auch die kost-bare Vi-o-li-ne.

☆☆
Au-to-ren-nen
Fen-ster
Ur-in-stinkt
be-in-hal-ten
Pro-phet
Wüs-ten-ro-se
be-ste-hend
Mal-ta-lent
Häus-chen
Papp-pla-kat
pro-gram-mie-ren
We-cker

Das lang gesprochene *i* wird meist *ie*, in manchen Wörtern auch mit einfachem *i* geschrieben.

Liebe Diebe hier bieten Biber Fibel Bibel

Selten wird das lange *i* durch *ih* oder *ieh* gekennzeichnet.

ih: ihm, ihn, Ihnen, ihr
ieh: fliehen, Vieh, wiehern, ziehen

Setze ein: *i* oder *ie*. Womit beschäftigst du dich am liebsten?
Trage in die Klammer ein. a) = oft b) = manchmal c) = nie

pol___tische Beschäftigung ( )

Krim___s lesen ( )

spaz___ren gehen ( )

Mus___k ( )

Sp___le ( )

ins K___no gehen ( )

stud___ren und arbeiten ( )

Illustr___rte lesen ( )

mit Freunden telefon___ren ( )

Br___fe schreiben ( )

Masch___nen und Apparate bed___nen ( )

V___deos ( )

L___der singen ( )

Sk___ fahren ( )

Klav___r spielen ( )

15 Nur Beharrlichkeit führt zum Ziel

Das Datum von heute

____

Lang gesprochene Vokale: *i* oder *ie*?

Nur Beharrlichkeit führt zum Ziel

Newton, der große englische Physiker, / hatte sein Arbeitszimmer für kurze Zeit verlassen* / um einen kleinen Spaziergang zu machen. / Als er den Raum wieder betrat, / fand er die Papiere auf seinem Schreibtisch, / an denen er gearbeitet hatte, in hellen Flammen. / Was war passiert? /
Sein kleiner Hund war während der Abwesenheit seines Herrn / auf den Tisch gesprungen und hatte dabei die Kerze umgestoßen. /
Lange Jahre hatte Newton die schwierigsten astronomischen Berechnungen angestellt. / Die Ergebnisse seiner Untersuchungen hatte er auf diese Blätter notiert, / die nun als Asche vor ihm lagen. /
Newton schrie den Hund nicht an. / Er bestrafte ihn auch nicht. /
Ohne zu zögern fing er mit den schwierigen Berechnungen noch einmal von vorne an. 117

*Neu: Hier muss kein Komma gesetzt werden.

Einfaches *i* oder *ie*? Manche gleich klingenden Wörter haben eine unterschiedliche Bedeutung und werden unterschiedlich geschrieben:

Lied – Lid **Miene – Mine** **Stiel – Stil**

Beachte auch die unterschiedliche Schreibweise bei *wieder* und *wider*:

***wieder* = nochmals, zurück**
z. B.: wiederholen

***wider* = gegen**
z. B.: widersprechen

Ergänze den fehlenden i-Laut.

w___derstreben	der W___derhaken	die W___dergabe
w___derborstig	w___derlegen	die W___derkehr
w___der beleben	der W___derruf	das W___dersehen
w___derkäuen	der W___derwille	der W___dersacher

Unterscheide die Bedeutung und schreibe zu jedem Wort eine kurze Wendung auf, durch die die Wortbedeutung klar wird.

Stiel: ______________________________

Stil: ______________________________

Miene: ______________________________

Mine: ______________________________

Lied : ______________________________

Lid: ______________________________

16 Tod im Regenwald

Das Datum von heute

Lang gesprochener Vokal ohne Längezeichen

Tod im Regenwald
Der Film mit dem gleichnamigen Titel dokumentiert, / wie das rigorose Abbrennen und Abholzen des tropischen Regenwaldes / den Lebensraum der Ureinwohner des wunderbaren Amazonasgebietes zerstört. / Die systematische Vernichtung der letzten Urwälder / bedeutet den Verlust des größten Sauerstoffspenders / und Kohlenstoffspeichers der Erde. / Scheinbar unaufhaltsam treiben Siedler und Goldsucher / immer neue Straßen in den Dschungel, / machen Weiden und Agrarflächen zu ihrem Besitztum, / schleppen Krankheiten und Epidemien ein / oder organisieren gar planmäßige Jagden auf Indios. / Engagiert und einfühlsam dokumentiert der Film / erstmals in Form eines Spielfilms / den Völkermord an den Indianern Südamerikas. / Er ist in Zusammenarbeit brasilianischer und deutscher Filmleute entstanden / und wurde mehrfach preisgekrönt. 104

Immer ohne Längezeichen schreibt man die Vorsilbe *Ur-/ur-* und die Nachsilben *-bar*, *-sal*, *-sam* und *-tum*.

Ur*wald** **sonder*bar **Schick*sal*** **arbeit*sam*** **Reich*tum***

2 Bilde aus diesem „Wortsalat" möglichst Wörter mit der Vorsilbe Ur- und den Nachsilben *-bar*, *-sal*, *-sam* und *-tum*.
Ordne sie nach Wortarten in die Tabelle ein. Manchmal musst du bei der Wortbildung auch einzelne Buchstaben streichen.

ALTER OMA GRAUEN ENKEL ALT WALD MÜHE GEWALT SCHEU REICH
TEIL TRINKEN FURCHT RINNEN KÖNIG ESSEN BESITZ STREBEN WUNDER

Adjektiv	Nomen
	Uroma,

17 Zwerge mit langen Ohren

Das Datum von heute

Schreibung nach kurzem Vokal

Zwerge mit langen Ohren
Gemeint sind hier nicht etwa Märchengestalten, / sondern kleine samtweiche Lebewesen: die Zwergkaninchen. / Diese hübschen Zwerge erfreuen sich wachsender Beliebtheit. / Sie werden zahme, anhängliche Spielkameraden, / aber man darf sie nicht zu oft zum Spielen zwingen. /
Wer sich ein Zwergkaninchen hält, / muss auch bereit sein* für das Tier zu sorgen. / Dazu gehört unbedingt, / seine Unterkunft täglich zu säubern, / denn Kaninchenkot verbreitet einen beißenden Gestank. / Mit etwas Geduld kann man den kleinen Hausfreund an ein Kistchen gewöhnen, / das mit Katzenstreu gefüllt ist. /
Am liebsten hält sich das Kaninchen im Garten auf. / Aus hartem, glattem Holz / kann man ihm ein geräumiges Zuhause zimmern. / Gefüttert werden die kleinen Pflanzenfresser mit Rüben, Gras und Heu, / ergänzt durch Kraftfutter aus der Tierhandlung / und reichlich frisches Wasser. 123

*Neu: Hier muss kein Komma gesetzt werden.

Folgt auf einen kurzen betonten Vokal *ein* Konsonant (Mitlaut), so wird dieser meist verdoppelt:

scha*ff*en   ro*ll*en   We*tt*e   Ti*pp*

Folgen auf einen kurzen betonten Vokal zwei oder mehrere Konsonanten, so wird in der Regel keiner verdoppelt:

Ka*nt*e   Kra*ft*   li*nks*   Da*nk*

***Beachte*: In einigen Fremdwörtern wird der Konsonant auch verdoppelt, obwohl der vorausgehende Vokal nicht betont ist: fri*tt*ieren, Gra*mm*atik.**

Verdoppelt oder nicht? Setze die fehlenden Konsonanten ein.

l:	Ha___t	Ha___de	Sa___z	Kra___e
m:	I___ker	Sa___t	Hi___el	Zi___t
n:	Ti___te	So___e	Ha___d	Pfu___d
p:	Ka___sel	gesto___t	Ste___e	Schna___s
t:	Fe___	Wi___we	Mi___e	Kan___e

Umkreise anschließend die Konsonanten nach dem kurzen Vokal.

18 Kopfschutz für Fahrradfahrer

Das Datum von heute

Schreibung nach kurzem Vokal: k-Laut und z-Laut

Kopfschutz für Fahrradfahrer
Ein gut sitzender Fahrradhelm bietet Fahrradfahrern den besten Kopfschutz. / Untersuchungen haben gezeigt, / dass ein Helm das Risiko von Kopfverletzungen um 80 Prozent verringert. /
Aber er muss auch richtig aufgesetzt werden. / Der Helm darf die Sicht nicht beeinträchtigen / und auch die Ohren nicht bedecken. / Der Schutzhelm darf weder rutschen noch wackeln. / Die Riemen dürfen nie vorm Kinn sitzen. / Beim Aufprall würden sie sich verschieben und der Helm würde vom Kopf rutschen. /
Fahrradhelme, die einen Aufprall überstanden haben, / müssen ersetzt werden. / Haarrisse im Material, die durch Stöße beim Sturz entstehen, / vermindern die Dämpfung beim Aufschlag. / Beim nächsten Sturz würde die Kopfbedeckung nicht mehr voll schützen. 106

Die Buchstaben *k* und *z* werden im Deutschen nicht verdoppelt. Stattdessen schreibt man *ck* (ersetzt *kk*) und ein *tz* (ersetzt *zz*). Ansonsten gilt die gleiche Regel wie bei der Verdoppelung anderer Konsonanten: Nach kurzem betontem Vokal wird der k-Laut mit *ck* und der z-Laut mit *tz* geschrieben.

Mücke hocken Acker schwitzen plötzlich Klotz

Beachte: In Fremdwörtern steht nach einem kurzen Vokal statt *ck* ein einfaches *k*, manchmal auch *kk* (perfekt, Mokka, Akkusativ) und statt *tz* steht *zz* (Pizza, Razzia, Skizze).

Unterstreiche in den folgenden Schlagzeilen alle Wörter mit einem k- und einem z-Laut. Kennzeichne dann in den Wörtern mit *ck* und *tz* den kurzen vorausgehenden Vokal mit einem Punkt.

Gefährliche Kartentricks

Brückenschlag in die Zukunft

Schwarzer Soul aus weißer Feder

Per Knopfdruck entscheiden

Per Elektroschock Tauben verjagen

Nicht die Katze im Sack kaufen!

Niedrige Preise auf dem Energiemarkt

Banken testen neue Zahlungsmittel

19 Der Affe war los

Das Datum von heute

Schreibung der s-Laute: *s, ss* und *ß*

Der Affe war los
Bei der Düsseldorfer Polizei kam ein außergewöhnlicher Notruf an. / Ein ortsansässiger Anrufer meldete, / ein Pavian turne auf den Dächern herum. / Offensichtlich war das Tier aus dem nahe gelegenen Safaripark ausgebrochen / und erkundete seine neue Umgebung. /
Als die alarmierten Tierfänger den Ausbrecher / mit einem Schuss aus dem Betäubungsgewehr einfangen wollten, / schlug ihnen das gerissene Tier ein Schnippchen, / indem es geschickt in Deckung ging. /
Die Tierfänger, die ziemlich ratlos nach dem Affen suchten, / staunten nicht schlecht, als der Ausreißer schließlich / aus eigenem Antrieb in sein Gehege zurückkehrte. 89

Ein *gesummt* ausgesprochener s-Laut wird immer mit einfachem *s* geschrieben (lesen, Weise, böse).

Ein *scharf* ausgesprochener s-Laut wird unterschiedlich geschrieben:
- nach kurzem Vokal *ss*: krass, der Pass
- nach langem Vokal oder Doppellaut *ß*: grüßen, der Strauß

In manchen Wörtern wird ein scharfes *s* auch mit einfachem *s* geschrieben. Hier lässt sich durch Ableiten und Verlängern meist eine verwandte Wortform finden, bei der das *s* gesummt ausgesprochen wird.

er reist – reisen   er las – lesen   Eis – eisig

Ausnahmen: *aus, es, raus, was, das* (als Artikel und Pronomen) sowie Nomen mit der Endung *-nis* (Wildnis).

Setze in den folgenden Werbeslogans jeweils die richtige Schreibweise für den s-Laut ein. Achte auf gesummt ausgesprochene s-Laute, scharf ausgesprochene s-Laute, Ableitungen und Ausnahmen.

Rei__en – einfach weil's Spa__ macht.

Steigen Sie ganz gro__ ein, genie__en Sie das Leben!

In neuer Grö__e ein alter Genu__

Schlu__verkauf, da purzeln die Prei__e

Worauf Sie sich verla__en können.

Warum Kompromi__e schlie__en?

La__en Sie den Alltag hinter sich: Ein ungestörter Fahrgenu__!

Hei__e Ei__en in rie__iger Auswahl

Man kann die Natur nicht verbe__ern, aber verfeinern!

20 Start frei

Das Datum von heute

Fremdwörter und das lang gesprochene *i*

Start frei
Wenn sich die Flugzeugtüren hinter dem letzten Passagier geschlossen haben, / übernimmt der Kontrollturm, / auch Tower genannt, das Kommando. /
Der Tower ist ein turmartiges Gebäude, / das den Flughafen überragt. / Von hier aus wird jede Bewegung der Flugzeuge kontrolliert. / Hier sitzen die Fluglotsen, / die die Maschinen beobachten / und über Funkkontakte dirigieren. / Was allerdings als Information oder Anfrage / aus den Kopfhörern der Piloten kommt, / versteht nur ein Spezialist. /
Viele Angaben, Positionsmeldungen und Durchsagen sind nötig, / bis die riesige Maschine in Startposition ist. / Von den Fluglotsen wird höchste Konzentration gefordert, / denn auf einem großen Flughafen starten und landen / pro Minute bis zu fünf Maschinen.
Schließlich kommt das ersehnte Signal vom Tower: / Start frei! /
Nun heulen die Turbinen auf* und der große Flug beginnt.

121

*Neu: Hier muss kein Komma gesetzt werden.

In Fremdwörtern wird das lang gesprochene *i* oft mit einfachem *i* geschrieben.

Maschine	Termin	Ventil	Vitamine
Benzin	Giraffe	Prise	Lawine

Am Wortende von Fremdwörtern wird das lange *i* häufig *ie* geschrieben: *-ie*, *-ier*, *-ieren*.

Chemie	Deponie	Kopie	Harmonie
Scharnier	Turnier	kopieren	garnieren

i oder *ie*? Setze richtig ein.

Reg____	Turb____ne	Pral____ne	Apfels____ne	Kolon____
Rout____ne	Stat____v	Sympath____	Chem____	Viol____ne

Wie heißen die verwandten Verben?

Politur	*polieren*
Charakter	
Demonstration	
Abonnement	
Formular	
Reparatur	
Interesse	
Alarm	
Studium	

21 Treffen bei Christian

Das Datum von heute

Zeichensetzung bei wörtlicher Rede

Bei diesem Übungsdiktat sollen die Satzzeichen der wörtlichen Rede und der Begleitsätze nicht angegeben werden.

Treffen bei Christian

Nikolas und Tom, zwei gute Freunde aus der 7b, / unterhalten sich während der Pause darüber, / was sie am Wochenende vorhaben. /
Tom meint: „Ich gehe am Samstag / zur Fete von Christian Franke.“ / „Prima, da bin ich auch eingeladen!“, ruft Nikolas. / Jetzt werden Meike und Nadja, / die neben den beiden stehen, aufmerksam. / „Da kommen wir auch hin“, wirft Nadja ein. / „Wusstet ihr denn nicht“, sagt Meike, / „dass die halbe Schule eingeladen ist?“ / „Ich wusste nur, dass Thomas, Christina, Daniel und Frank / aus unserer Klasse kommen“, bemerkt Nikolas. / Darauf meint Tom: / „Dann wird das ja wohl eine richtige Schulfete. / Wir sehen uns dann also.“ / Da schellt es / und die vier schlendern langsam in Richtung Eingangshalle. 115

Die wörtliche Äußerung wird durch Anführungszeichen vom Begleitsatz abgetrennt. Dabei sind drei Möglichkeiten zu unterscheiden:

- **Steht der Begleitsatz vorn, endet er mit einem Doppelpunkt.**

  Klara fragt: „Wann kommst du?"

- **Steht der Begleitsatz hinten, wird er immer durch ein Komma von der wörtlichen Rede abgetrennt.**

  „Kommst du mit?", fragt Lukas.
  „Nein, ich habe keine Zeit", antwortet Tim.

- **Ist der Begleitsatz eingeschoben, wird er am Anfang und am Ende durch ein Komma abgetrennt.**

  „Die Neue aus der 7b", meint Stephan, „ist wirklich nett."

Kennzeichne die Begleitsätze der wörtlichen Rede.
Trenne sie dann mit den richtigen Satzzeichen von der wörtlichen Rede.

„So ein Pech" schimpft Vater „schon wieder habe ich im Lotto keine einzige Zahl richtig!" „Mach dir nicht draus" tröstet ihn Corinna „mir ging es heute in der Mathearbeit genauso!"

Ein Hundebesitzer meinte gegenüber seinem Freund „Mein Hund ist wirklich gescheit. Jeden Morgen bringt er mir die Zeitung." „Das ist doch nichts Besonderes, das macht doch fast jeder Hund" entgegnete darauf der Freund. „Ja, schon" antwortete der Hundefreund „aber ich habe überhaupt keine Zeitung abonniert."

22 Ferienfahrt durch Kanada

Das Datum von heute

Komma bei Aufzählungen

Die Übungsdiktate 22 bis 29 sollen ohne Satzzeichen diktiert werden. Nur das Satzende sowie Beginn und Schluss der wörtlichen Rede werden angegeben.

Ferienfahrt durch Kanada
Wir befinden uns im Bärengebiet eines Nationalparks. / Der Parkwächter des Campingplatzes / drückt uns ein Faltblatt mit Vorsichtsmaßnahmen in die Hand. /
Alle Lebensmittel sollen nachts im Auto verschlossen, / es soll nicht in der Nähe der Zelte gekocht / und auf keinen Fall sollen Parfüm, Seife oder Zahnpasta / in die Zelte mitgenommen werden. / Zahnpasta sei nämlich ein besonderer Leckerbissen für Bären / und locke sie an. /
Die Mülltonnen auf dem Campingplatz / sind durch schwere Eisentüren bärensicher gemacht. / Rancher der hiesigen kanadischen Parkaufsicht sorgen dafür, / dass kein Tourist, Camper oder Wanderer / von Bären überrascht wird. / Sie führen genau Buch über die Tiere, / die sich in der Nähe des Campingplatzes aufhalten. / Immerhin haben wir auf unserer Reise einen riesigen, zotteligen Bären, / dazu Waschbären, Biber und viele andere Tiere / aus der Nähe gesehen. 129

In Aufzählungen werden gleichrangige Wörter und Wortgruppen durch Komma voneinander getrennt. Das Komma entfällt jedoch vor den reihenden Konjunktionen *und, oder, sowie* (= und).

Sie machten eine lange, interessante Reise.
Sie sahen Braunbären, Waschbären, Biber und viele andere Tiere.
Michael möchte gerne zuerst nach Kanada, dann nach Alaska und irgendwann einmal auch nach Grönland reisen.

***Beachte*: Kein Komma steht zwischen Adjektiven, die nicht gleichrangig sind. Beispiel: Sie bereisten die weiten kanadischen Waldgebiete. Hier wird „kanadischen Waldgebiete" als begriffliche Einheit angesehen.**
***Hilfestellung*: Wenn du zwischen die Adjektive ein *und* oder *sehr* setzen kannst, steht in der Regel ein Komma (lange, interessante Reise).**

Komma oder kein Komma? Ergänze die fehlenden Kommas.
Umrahme jeweils die begriffliche Einheit mit einem Kasten.

Frau Weber schwärmt für teuren französischen Rotwein.

Großvater mag würzigen westfälischen Schinken.

Katharina ist für frischen zarten Spargel.

Timo bestellt sich ein großes gemischtes Eis.

Großmutter fragt nach einer herzhaften bekömmlichen Suppe.

Während des Essens wird darüber gesprochen, dass die Webers in den nächsten großen Ferien mit ihrem neuen geräumigen Wohnmobil nach Spanien fahren wollen.

23 Fast zu spät

Das Datum von heute

Komma bei Einschüben und Nachträgen, Ausrufen und Anreden

Fast zu spät

„Unsere Wattwanderung beginnt morgen Vormittag / pünktlich um zehn Uhr, meine Herrschaften. / Deshalb müssen wir nach dem Frühstück sofort losgehen“, / bemerkte Herr Müller, unser Klassenlehrer, / zum Schluss der Besprechung. / Als wir uns am nächsten Morgen versammelt hatten, / fehlten Claudia, Anna und Marie, die drei Unzertrennlichen. / Charlotte erklärte: „Die suchen ihre Stiefel.“ / Schließlich kamen sie / und wir konnten endlich die Jugendherberge verlassen. / Als wir am Hafen vorbeigingen, / legte gerade ein Schiff ab. / Interessiert blieben einige stehen. / „He, Leute, unser Wattführer wartet nicht!“, / rief unser Klassenlehrer im Weitergehen. / Mit Verspätung erreichten wir den vereinbarten Treffpunkt. / Glücklicherweise hatte der Wattführer / mit einer anderen Gruppe doch auf uns gewartet. 107

Einschübe und *Nachträge* werden durch Kommas vom übrigen Satz abgetrennt.

Stephan, er ist erst dreizehn, hat einen Computer zusammengebaut.
Sie interessiert sich für Musik, besonders für Rap.

Durch Komma abgetrennt werden auch *Ausrufe* und *Anreden*.

Au, das hat mit wehgetan!
Bleib doch noch ein Stündchen, Lisa.

Setze die fehlenden Kommas.

Philipp mein bester Freund hat mich heute genervt.

Er will ihr einen Brief schreiben und zwar noch heute.

Lisa nun sei doch mal still!

Aua das tat mir weh!

Pia ist gut in Mathe besonders in Geometrie.

Komm doch mit bitte!

Ich sende dir liebe Anna herzliche Feriengrüße.

Eines Tages es war mitten im Winter stand bei uns eine Katze vor der Tür.

Sie wollen heute etwas unternehmen zum Beispiel ins Kino gehen.

24 Schlange im Auto

Das Datum von heute

Komma bei angekündigten Wortgruppen

Schlange im Auto
Einem spanischen Automechaniker / fiel vor Schreck der Schraubenzieher aus der Hand. / Er war gerade dabei, / eine Musikanlage in einen Pkw einzubauen, / als sich ihm plötzlich / der Kopf einer zwei Meter langen Schlange entgegenreckte. / Der Monteur fiel in Ohnmacht / und musste mit einem Schock / ins örtliche Hospital gebracht werden. /
Der Besitzer des Autos hingegen war froh darüber, / sein Maskottchen wieder gefunden* zu haben. / Die Riesenschlange hatte sich seit Tagen / in den Hohlräumen der Karosserie versteckt. / Allerdings musste der Mann sein exotisches Haustier / dem städtischen Zoo übereignen. / Mit einer so unternehmungslustigen Schlange / Tür an Tür zu wohnen, / daran konnten sich seine Nachbarn nicht gewöhnen. 103

*Neu: Getrenntschreibung.

Wird eine Wortgruppe (z. B. eine Infinitiv- oder Partizipgruppe) durch ein hinweisendes Wort (oder eine hinweisende Wortgruppe) angekündigt, trennt man sie durch Komma ab.

Er freut sich sehr darauf, *mit ihr ins Kino zu gehen.* **(Infinitivgruppe)**
***Mit ihr ins Kino zu gehen,* darauf freut er sich sehr.**
So, *von Zweifeln getrieben,* eilte er nach Hause. **(Partizipgruppe)**
Diese beiden Unzertrennlichen, *Tina und Louisa,* gehen mal wieder ihre eigenen Wege.

Umrahme in den folgenden Sätzen die Hinweiswörter und unterstreiche die angekündigte Wortgruppe. Setze danach die Kommas.

Er verbringt einen ganzen Tag damit für sie ein Geburtstagsgeschenk zu basteln.
Sie muss sich darauf gefasst machen ihn nicht auf ihrer Geburtstagsfeier zu sehen.
Denke bitte daran die Eintrittskarte mitzubringen.
Wie im letzten Jahr so hatten wir auch diesmal Glück.
Daran das Buch zu verleihen dachte sie nicht.
Die beiden Svenja und Lars verirrten sich beim Spaziergang.

25 Das schwarze Haus

Das Datum von heute

Komma in der Satzreihe

Das schwarze Haus
Lange Zeit hatte ich immer wieder den gleichen Traum. / Ich ging durch eine fremde Landschaft. / Von weitem bemerkte ich ein schwarzes Haus, / es war umgeben von dichten Tannen. / Ich fühlte mich wie magisch angezogen von diesem Haus. /
Im Traum ging ich langsam auf das Haus zu. / Ein Tor öffnete sich wie von selbst* und ich schritt hindurch. / Das Haus hatte ein schwarzes Schieferdach, / die schweren Fensterläden waren geschlossen. / Ich ging zum Eingang und klopfte vorsichtig an die Tür. / Vom Klopfen wurde ich wach. 86

*Neu: Hier muss kein Komma gesetzt werden.

In einer *Satzreihe* steht zwischen den einzelnen Hauptsätzen ein Komma – und zwar auch vor Konjunktionen wie *aber, denn, dennoch, trotzdem, jedoch*. Nur vor den Konjunktionen *und* bzw. *oder* entfällt das Komma in der Regel.

Ralf geht nicht zur Schule, er ist krank.
Ralf geht nicht zur Schule, denn er ist krank.
Jan geht zum Schwimmen und Ralf bleibt zu Hause.

***Beachte aber*: Wenn die Gliederung des Gesamtsatzes deutlich werden soll (z. B. um Missverständnisse zu vermeiden), kann man in der Satzreihe auch vor *und* bzw. *oder* ein Komma setzen.**

Sie traf sich mit meinem Bruder(,) und dessen Freund war auch mitgekommen. (Man könnte zunächst lesen: Sie traf sich mit meinem Bruder und dessen Freund ...)

Entscheide, bei welchen Sätzen du mit einem Komma den Zusammenhang des Satzes verdeutlichen kannst.

Sie ist gut in Mathe und er hat seine Stärken in den Sprachen.
Sie wählt die Foto-AG oder sie entscheidet sich für das Laienspiel.
Jana fotografierte ihren Freund und meine Freundin lag in der Sonne.
Tina und Dominik warten auf euch und die anderen gehen schon voraus.
Johanna hat Florian im Sommer oft besucht und sie saßen dann bis spät nachts in der Gartenlaube.

26 Die missglückte Generalprobe

Das Datum von heute

Komma im Satzgefüge: Konjunktionalsatz

Die missglückte Generalprobe
Die Theater-AG will im Rahmen einer Theaterwoche der Schule / ein neues Stück aufführen. / Die Regie übernimmt Frau Sudermann, die Deutschlehrerin. / Bei der Generalprobe des Stückes läuft alles Mögliche schief, / weil nicht alle Requisiten da sind, / weil es mit der Beleuchtung nicht klappt / und weil einige Mitspieler noch Schwierigkeiten mit ihren Texten haben. / Anschließend sind alle sehr enttäuscht. / Frau Sudermann tröstet die Schüler. / Sie erklärt ihnen, / dass eine missglückte Generalprobe möglicherweise / ein gutes Vorzeichen für die erste Aufführung ist. / Die Premiere des Stückes / in der bis auf den letzten Platz gefüllten Schulaula beweist, / dass Frau Sudermann Recht hatte. 101

Im *Satzgefüge* werden Hauptsatz und Gliedsatz (Nebensatz) bzw. Gliedsätze immer durch ein Komma getrennt. *Hilfestellung*: Du kannst einen Gliedsatz oft daran erkennen, dass die konjugierte Verbform am Schluss steht.

Unterordnende Konjunktionen (Bindewörter) wie *weil, da, dass, als, wenn, bevor, sobald, nachdem* verbinden einen Gliedsatz (Konjunktionalsatz) mit einem übergeordneten Hauptsatz.

Ich gehe ins Bett, *weil* ich müde geworden bin.
***Weil* ich müde geworden bin, gehe ich ins Bett.**
Ich gehe, *weil* ich müde geworden bin, schnell ins Bett.

***Beachte*: Werden Gliedsätze mit den nebenordnenden Konjunktionen *und* bzw. *oder* verbunden, entfällt das Komma.**

Pia hofft, dass Tim auch kommt und dass er seinen Freund Lars mitbringt.

Umrahme in den folgenden Sätzen zunächst die Konjunktion.
Unterstreiche dann das konjugierte Verb des Gliedsatzes.
Setze anschließend das Komma.

Auf der Party kriegen alle mit dass Lars und Kati sich mögen.
Weil sie gern zusammen sein möchten versorgen Reni und Falk die anderen mit Grillwürstchen.
Nachdem Tim und Ute den ersten Tanz gewagt haben stürzen sich auch die anderen Partygäste ins Getümmel.
Obwohl kein Alkohol getrunken werden darf tanzt Ingo bereits um 10 Uhr auf dem Tisch.
Karen sagt über Lautsprecher an dass das Salatbüffet gestürmt werden darf. Bis alle mit Tellern versorgt sind hat Niko schon zweimal einen Nachschlag geholt.

27 Fantasiereise

Das Datum von heute

____

Komma im Satzgefüge: Relativsatz

Fantasiereise*
„Warum sind Reisen ins Ausland so beliebt?", / fragte unsere Lehrerin am letzten Schultag vor den Sommerferien. / Meinungen wurden geäußert** / und eine Diskussion begann. / Ich schaute aus dem Fenster direkt in unseren Schulgarten. / Meine Fantasie* bekam Flügel. / Die Bäume verwandelten sich in Palmen. / Die Stimmen meiner Mitschüler waren auf einmal weit entfernt. / Als am Horizont ein Segelschiff auftauchte, / hatte ich bereits den Klassenraum verlassen. / Ich lag an Deck / und schaute in den weiten, blauen Himmel, der unendlich erschien. /
Plötzlich vernahm ich eine bekannte Stimme: / „Ich hoffe, dass all eure Ferienträume in Erfüllung gehen." / Eine Schiffssirene ertönte, / die große Ähnlichkeit mit unserer Schulglocke hatte. / Widerwillig verließ ich das Schiff. / „Muss ich dir beim Aufstehen behilflich sein?", / fragte meine Lehrerin im Vorbeigehen. / Nun war ich endgültig in die Wirklichkeit zurückgekehrt, / die leider noch andauert. 132

*Auch: Phantasie.
**Neu: Hier muss kein Komma gesetzt werden.

Als *Relativsatz* bezeichnet man einen Gliedsatz, der durch ein Relativpronomen (bezügliches Fürwort, *der, die, das, welcher* ...) eingeleitet wird. Das Relativpronomen bezieht sich auf ein Wort im Hauptsatz und verändert sich entsprechend dem Kasus (Fall) des Bezugswortes. Ein solcher Relativsatz kann nach dem Hauptsatz stehen oder auch in den Hauptsatz eingefügt sein.

Lisa trifft Moritz, *den* sie sehr mag.
Lisa, *die* von Moritz kaum beachtet wird, ist eifersüchtig auf Klara.
Klara, mit *der* Moritz Mathe lernt, ist Lisas beste Freundin.

Verknüpfe die folgenden Hauptsätze mit Hilfe eines Relativpronomens zu einem Satzgefüge mit Hauptsatz und Gliedsatz. Bei zwei Sätzen musst du dem Relativpronomen noch eine Präposition (*mit, über,* ...) voranstellen.

Sven tanzt mit Anna. Anna ist Jochens Freundin.

____

Lisa ist verschwunden. Lisa hat das Aufräumen übernommen.

____

Daniel sucht nach Klara. Daniel möchte mit ihr noch etwas besprechen.

____

Thomas ruft nach Stefanie. Er hat sich gerade noch über sie lustig gemacht.

____

28 Schlangen sind gar nicht so!

Das Datum von heute

Satzgefüge: Konjunktionalsatz oder Relativsatz?

Schlangen sind gar nicht so!
Hast du gewusst, / dass es etwa 2500 Schlangenarten gibt? / Bei uns leben nur wenige. / Ringelnatter, Glattnatter und Kreuzotter / sind weit verbreitet. / Dass die Blindschleiche keine richtige Schlange ist, weißt du sicher. / Blindschleichen sind Eidechsen ohne Beine. /
Über Schlangen wird viel Falsches erzählt. / Es wird behauptet, dass sich Schlangen glitschig anfühlen. / Das stimmt nicht. / Schlangen fühlen sich sauber, weich und warm an. /
Es wird gesagt, dass die züngelnde Schlangenzunge steche. / Aber jeder Schlangenkenner weiß, / die tastende Zunge ist das Sinnesorgan, / das der Schlange zur Orientierung dient. / Schlangen wird nachgesagt, dass sie angriffslustig sind. / Dabei greifen sie nur an, wenn sie keine andere Möglichkeit sehen* / sich zu retten. / Trotzdem muss man beim Umgang mit Schlangen vorsichtig sein / und sollte auch wissen, / dass die bei uns lebende Kreuzotter giftig ist. 132

*Neu: Hier muss kein Komma gesetzt werden.

Gliedsätze können durch *dass* und *das* eingeleitet werden. Beim Wörtchen *dass* handelt es sich immer um eine Konjunktion (Bindewort), die einen Konjunktionalsatz einleitet. Das Relativpronomen *das* leitet einen Relativsatz ein und bezieht sich immer auf ein Wort im Hauptsatz.

Konjunktion: Ich verstehe nicht, *dass* du weggehst.
Relativpronomen: Sie sieht das Fahrrad, *das* sie sich wünscht.

***Faustregel*: Wenn du *dieses*, *jenes*, *welches* einsetzen kannst, wird *das* geschrieben. Kannst du diese Wörter nicht einsetzen, wird *dass* geschrieben.**

Bestimme die Wortart (K = Konjunktion, R = Relativpronomen) und ergänze entsprechend *dass* oder *das*.

- Das Video, ______ ich dir geliehen habe, brauche ich zurück.
- ______ es so weit kommen würde, hatte sie nicht gedacht.
- Die Frau interessiert sich für ein Auto, ______ sie in der Ausstellung gesehen hat.
- Lars hofft darauf, ______ die Aufführung ein Erfolg wird.
- ______ es heute so schön würde, wer hätte das gedacht?

29 Geige als Fahrpreis

Das Datum von heute

....

Silbentrennung

Dieses Übungsdiktat sollte mit allen möglichen Trennungen aufgeschrieben werden. Die richtigen Trennungen findest du im Lösungsteil.

Geige als Fahrpreis
Musikalisch, ungeduldig, unverschämt oder verbrecherisch? / Diese Frage müssen jetzt die Polizeibeamten in Wolfenbüttel klären. / Sie sind nämlich auf der Suche nach einem Taxifahrer, der anstatt des Fahrgeldes / eine extrem wertvolle Geige kassierte. / Der Chauffeur* war von einem Konzertmeister darum gebeten worden, / vor einem Elektrogeschäft anzuhalten, / weil er kurzfristig aussteigen / und einen Mehrfachstecker für seine neue Stereoanlage kaufen wollte. / Seine dreihundert Jahre alte Geige ließ der Künstler / vorsichtshalber im Fahrzeug liegen. / Als der Musiker wieder zurückkam, war das Taxi verschwunden / und mit ihm auch die kostbare Violine. 89

*Auch Schofför.

Die wichtigsten Regeln der Worttrennung lauten:

- Mehrsilbige Wörter werden nach Sprechsilben getrennt.

  A-bend Rei-he Kas-ten eu-ro-päi-sche

- Bei mehreren Konsonanten trennt man nur den letzten ab.

  Damp-fer knusp-rig Don-ner nann-te

- Hier trennt man nach Wortbausteinen:

  Brat-wurst-stand Sonn-tag ent-fernt Mäus-chen

- Einsilbige Wörter (jetzt, Schluss) und die Buchstabenfolgen *ck, ch, sch, ph* und *th* werden nicht getrennt.

  Zu-cker Ku-chen ra-scheln (aber: Mäus-chen) Stro-phe Zi-ther

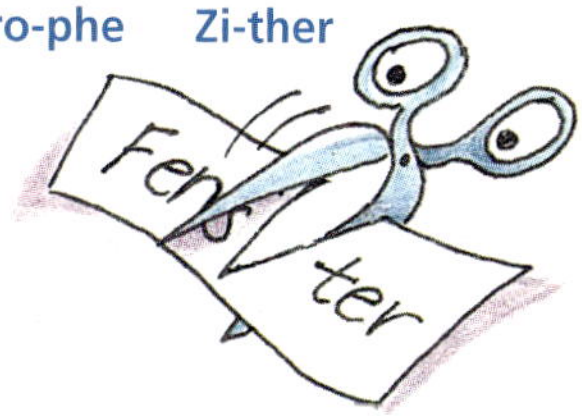

Notiere die Wörter mit allen Trennmöglichkeiten.

Autorennen ______

bestehend ______

Fenster ______

Maltalent ______

Urinstinkt ______

Häuschen ______

beinhalten ______

Pappplakat ______

Prophet ______

programmieren ______

Wüstenrose ______

Wecker ______

Quellen der Diktattexte (D) und der Übungstexte (Ü):

Peter Kohrs: Besser in Deutsch. Die neue Rechtschreibung 7. Schuljahr. Berlin, Cornelsen Scriptor 1997: D 2 (S. 33, verändert), Ü 3 (S. 43), Ü 10 (S. 88), Ü 14 (S. 70 f.), Ü 20 (S. 109), Ü 21 (S. 117), D 29 (S. 106, verändert)

Peter Kohrs: Rechtschreiben: Alles klar! Lern- und Übungsheft 2 für das 7./8. Schuljahr. Berlin, Cornelsen 1997: D 1 (S. 37, leicht verändert), Ü 1 (S. 35, leicht verändert), D 2 (S. 33, verändert), Ü 4 a u. b (S. 43), Ü 9 (S. 57), Ü 12 (S. 57), D 14 (S. 14), Ü 16 (S. 12 f.), Ü 18 (S. 16), D 19 (S. 29, leicht verändert), Ü 19 (S. 26), D 24 (S. 73, verändert)

Peter Kohrs: Zeichensetzung: Alles klar! Lern- und Übungsheft 2 für das 7./8. Schuljahr. Berlin, Cornelsen 1997: D 8 (S. 58, verändert), D 9 (S. 40, verändert), D 10 (S. 56 f., leicht verändert), D 12 (S. 54, leicht verändert), D 16 (S. 62, leicht verändert), D 21 (S. 5, verändert), D 22 (S. 25, verändert), Ü 22 (S. 23), Ü 24 (S. 29, leicht verändert), D 25 (S. 33, verändert), Ü 25 (S. 35, verändert), D 26 (S. 8, verändert), Ü 26 (S. 37), Ü 27 (S. 38f.)

Guido König, Helmut Weyand: Diktat: fehlerfrei. Heft 2. Berlin, Cornelsen 1997: D 7 (S. 58, verändert), D 13 (S. 19, gekürzt), D 15 (S. 20, gekürzt), D 17 (S. 15, verändert), D 18 (S. 17, verändert), D 20 (S. 43, verändert), D 28 (S. 76, verändert)

Neue Diktate zur neuen Rechtschreibung für die Klassen 7 bis 10. Berlin, Cornelsen 1998: D 5 (S. 33, verändert), D 6 (S. 16, verändert), D 11 (S. 41, verändert)

August-Bernhard Jacobs: Abschreiben erwünscht. Texte zum Abschreiben, Üben und Diktieren für die Klassen 7 und 8. Berlin, Cornelsen 1997: D 4 (S. 68, verändert), D 23 (S. 8, verändert), D 27 (S. 28, gekürzt)

Alle weiteren Texte von Maria Bley